AF599397

LA HIERBA ENTRE ADOQUINES

PAZ HIDALGO

Aliarediciones

Corrección: Inés González Calo
Diseño de cubierta: Ana Triano
Maquetación: Aliar Ediciones

Depósito Legal: 979-13-88058-18-9
ISBN: GR 1641-2025

Impreso en España

Edita
ALIAR Ediciones
www.aliarediciones.es
info@aliarediciones.es

LA HIERBA ENTRE ADOQUINES

PAZ HIDALGO

A mis padres, Paz y Francisco

Prólogo

Un jardín ante la adversidad

«Escribir poesía es la forma más compleja de pensar la vida», nos decía el poeta Ángel González. Y de la propia existencia trata este libro de Mª Paz Hidalgo Aznar, consciente de la necesidad de llevarla con amor y compasión, y sabedora del camino final que nos aguarda.

Se inicia con un poema que alude a la película *El árbol de la vida,* de Terrence Malick. Quizá recuerden este filme, de una hermosa visualidad y hondura poética, en el que el protagonista rememora su vida, mientras se entrelazan imágenes del origen del universo, la evolución de la vida en la Tierra y reflexiones sobre el sentido de la vida. De modo semejante, Mª Paz ofrece una visión general de nuestra vigencia en el mundo y recuerda la importancia de dotar de sentido este discurrir. Podría suponer una declaración de intenciones, una introducción de los temas sobre los que profundiza: un marco reflexivo alrededor de una vida que, en el fondo, viene a ser la de todo ser humano, expresada en versos sugerentes y plurisignificativos.

Creo que la vejez —término que a menudo nos resulta incluso peyorativo, aunque no sea más que una etapa de nuestra vida, tal vez la más dura— resulta invisible en nuestra sociedad. Sin embargo, aquí asoma de un modo contundente, vital, alegre y sabio, por encima de toda adversidad, como un ejemplo a seguir. El tono es alentador, con su pizca de gracia y fina ironía, a pesar de cualquier penumbra. El sujeto poético, sin pretenderlo, traza una línea que puede ayudarnos en los momentos difíciles, nos hace ver la necesidad de reconocernos en nuestra humanidad.

La autora agradece todo lo que la lectura, literatura y poesía le han ofrecido en poemas-homenaje a Rosalía de Castro, Concha García o Cernuda. Pero no solo a escritores, también acoge a personas que, por un motivo u otro, se cruzaron con ella y dejaron su huella, como Manuel, el lotero; nuestro amigo y compañero Gregorio Dávila; o su queridísima nieta. Una poesía que, como verdadera guardiana de la memoria, testimonia la impronta de los demás, del mundo y de las vivencias propias. No es casual que las musas fuesen hijas de Mnemosyne.

La religión es una corriente de agua que todo lo endulza, refresca y sustenta, incluso a pesar del dolor y de la crudeza de la vida. Como pilares de esta construcción de palabras, hallamos las citas del sacerdote jesuita, científico y teólogo francés Pierre Teilhar de Chardin, cuyas ideas influyen en la cosmovisión y en las reflexiones de la poeta: «Para vivir plenamente hay que tener el coraje de integrar la muerte en la vida».

Predomina un paisaje de encinas, jaras y romeros: el paisaje de su infancia. Esta naturaleza la transporta al pasado en poemas llenos de melancolía. En ellos recuerda su pueblo y todo regresa: la campiña, las tardes de sol, la madre, la abuela.

En este transcurso, por supuesto, nos damos de frente con el sufrimiento y la pena, que siente como «torrentes salados que quemaron mi rostro», «erial de desguace». Y de este modo nos confiesa: «Soy una madre vieja ya solo soy eso, / pero hasta que me vaya y en mi boca haya aliento/ suspiraré tu nombre, / hijo, / con mieles, con espliego, con colores y risas / que en mis vacías entrañas tus recuerdos pusieron».

Sin embargo, resurge y vuelve a sus afanes, y la alegría de nuevo llama a su puerta en el jubiloso barrio de Triana.

Incluye también un apartado de poemas en prosa, articulados alrededor de los elementos de la naturaleza: Tierra, Fuego, Agua, Aire y, finalmente, Éter. Versos expresivos y rotundos que en ocasiones aluden a circunstancias muy adversas, a las que no se rinde, porque la escritura, sus macetas, los vecinos y todo lo cotidiano y pequeño —que con su humildad y belleza nos rodea— la acompañan y reconfortan. Un inmenso mundo de sencillez y hondura que constituye la vida:

«En esta oscuridad que se va fraguando y a cuyo parto asisto, la luna va bailando la danza de los velos. Los desgarra uno a uno para lucirse hasta hacerme perder esta cabeza mía borracha de éter.

La noche se desliza cuesta abajo en tobogán de plata. Yo me dejo llevar».

Y aunque manifieste «¡este aire mío tan lleno y tan vacío!», late un constante anhelo de sentirse viva. En este sentido, al igual que la poeta Concha García —según nos manifestó en su entrevista en el Taller de poetas—, también le hace sentir con mayor plenitud la vida la actitud de mirar y percibir la sensibilidad poética, cuando contempla el mundo desde las metáforas e imágenes.

El poemario culmina con un extenso poema inspirado en un verso de José María Martín Portales: «Estar sin ser es algo hermoso». El sujeto poético, como una caracola hueca, escucha bramar el existir, la vida que crece y se derrama, y aconseja no malgastarla en venganzas y lamentos, pues asoman las orejas de la muerte. Su cierre nos recuerda *El viaje definitivo* de Juan Ramón Jiménez.

Con un lenguaje lírico que se plasma en imágenes llenas de sugerencias, este canto rítmico —al compás de la métrica a veces, otras en verso libre— capta y universaliza la experiencia humana en poemas reflexivos y meditativos. Como indica Ada Salas: «Todo poema viene a llenar un hueco, viene a constituir una explicación, una confirmación de la vida, un aldabonazo en la conciencia, un consuelo».

Ana Isabel Alvea Sánchez

Da igual el peldaño que el poeta alcance en su subida al sol.
Lo decisivo es haberse puesto en marcha,
haber querido subir al Sinaí de la visión esperando
que un rayo parta los cuerpos de piedra.
José Luis Rey. *Jacob y el Ángel*

Somos polvo de estrellas, pero también
somos el potencial divino hecho carne.
La evolución solo es posible a través del amor y compasión
(emoción más liberadora por no ser excluyente)
hacia los demás.
El Medio Divino. P. Teilhar de Chardin

¿Enterramos el rencor bajo el mar o en la besana?

*A **T.Malik**, por la película «El Árbol de la vida»*

Como crece la hierba entre adoquines
explosiona la vida cercada por la muerte,
un lagrimoso réquiem acuna todo el parto.
En un principio eran las palabras
y eran las palabras un misterio,
mas en caldo de fuego se enternece el cosmos
hasta aparecer la compasión.
Con vela vacilante el universo avanza
hacia aquella orilla primigenia
donde la muerte es paz.
Iggdrasil, como un roble con peldaños,
es conexión divina con la naturaleza,
son sus hojas luciérnagas de plata,
en blonda negra y encaje de penumbra.
Más allá del abismo
la añorada playa, cuna y lecho
y ausente el viento, un mar sin oleaje.

*A **Rosalía de Castro**, por su bendita locura*

Tu llave de cristal pulida por un hacha,
el candado herrumbroso,
las hortensias azules
y a tu sombra buena la trajo la muerte.

Enferma castidad
y dolorida estancia terminal en «La Matanza»,
faladoiros desiertos esperando
la muerte, saudades por besarla.

¡En el fondo del mar está la llave
y la mar te esquiva!

«¡QUÉ ABRAN LA VENTANA QUE QUIERO VER EL MAR!»,
se oye por fin decir a Rosalía.

Cuando la mar me inunde con los dientes
destrozaría el coral donde la llave anida
y de algas ceñiré una corona
y en caballo de mar he de subir.

A pelo, sin montura, a horcajadas
las simas de los mares sembraré
esparciendo semillas de poesía
y sirena sin sexo seré al fin.

Avanza una barca por la ría
hacia la mar temida,
truena y llueve.
Pienso en Rosalía y sonrío.

*A **Manuel, el lotero gitano**, por reírse de sí mismo*

Morena canción que vas lanzando
en los surcos abiertos por la vida
y no tiene letra
es un grito, zarpazo mañanero,
que rompe la armonía
y a rejones muerde mi tristeza.

Tu voz, rayo amarillo,
tu voz, cuchillo roto
y batir de palomas
y solo de trompeta
y grotesco cantar.
¿Y tú? solo voz sola.

Subido en caballo sin herrar
a galope te pierdes despreciando la suerte
mientras vuelve el tiempo y su rutina.

*A **Milglory Chevarría,** emigrante trasplantada,*
en desagravio

Altivo tu mirar y misterioso
el gesto de tu boca me parece,
pero cuando hablas se enternece
tu sangre de caníbal orgulloso.

A pesar del pasado tenebroso
el llanto de tu pueblo me parece,
¿su corazón será que reverdece
y en ti está gimiendo pesaroso?

Del Potosí la plata te arrancamos
como tú el corazón y el apellido
y un hígado hoy te regalamos.

Hija del Tarabuco, boliviana,
indígena de raza, ¿enterramos
el rencor bajo el mar o en la besana?

*A **Gregorio Dávila**, por su mochila de poeta*

Yo conocí a un poeta que amasaba las cumbres
y los lirios silvestres subía a los altares
donde la poesía es una madre
que ocupa la hornacina de la diosa.
Yo conocí a un poeta
que al vuelo cautivaba mariposas,
sonreía siempre como un buda
y huella dejaba en Everglades
sin dolerse.
Yo conocí al poeta.

*Al **CORPUS,** por Chico*

SEÑOR, y tú escondido y presente
EN UN RUMANO tullido y pordiosero
que monótono pide lastimero
y en custodia de plata refulgente.
En mitra y en MULETA DOLIENTE
al lado de un vaso con dinero,
en el barrio adornado por entero
y en TRAVESTIDO hecho ALTAR viviente.
Música de cornetas y ciriales,
exhibición de inciensos y latines,
fajas de karatecas y costales.
SEÑOR, y tú escondido y presente
por amor en CUSTODIAS SIN PAPELES,
y en HOSTIA FRÁGIL, TIERNA, TRASPARENTE.

*A **Ana Alvea,** por acercarme a M. Victoria Atencia*

En este empeño mío de no borrar la huella
del pasado que emerge cual algodón de feria
creí hoy vivir la infancia compartiendo mantel
con aquellas muchachas. Mi espejo eran sus caras,
mascarada carmín en azogue oxidado
y un turbante con flores que encogía el corazón
—pizca de sal me eché por encima del hombro—.
Dulzor en las mejillas, en los postres, los besos,
luego, cayó el telón y un hasta siempre.

***A CONCHA GARCÍA**, por demostrar que todo es poetizable*

El vacío encorseta, tenía hambre
de corazón. Ayer fue mi cumpleaños.
Unas velas fugaces y un baño
relajante
donde flota la espuma;
como en el limo sucio del estanque
vagaban los nenúfares.
No hay rosas ni en el wassap.
Escuché a los vecinos discutir
y a un bebé que llora.
Sin querer rompo un buda que compré en el chino.
Permanezco un tiempo como una flor de loto:
Lumbalgia sonaba a chuchería,
cáncer tiene eco y paracetamol
a no des más la lata.
Soneto a dictadura
del profesorado con ganas de fumarse un pitillo
en libertad
                    y a cenizas enamoradas.
El subconsciente hoy se rebela.

*A **OCNOS**, por llevarme a Cernuda*

El aire de tu calle se llenó de suspiros.
Olía a lirios,
a marchitos lirios de mujer,
a hembras que te deseaban
por sus noches de sexo ya sin poesía.

Detrás de una persiana creí verte sacando
la cabeza al aire de tu calle
que movía las cintas de unas capas.
Mozalbetes pasaban de rondalla,
Seises trasnochadores con sones de bandurrias
y el aire de tu calle se hizo viento.
Amalgama.
Un calvario y un monte de lirios
y un cuerpo tronchado por el talle
y un laurel de Indias
donde cuelgo tu magnolio.
Fue un jueves de pasión.

A mis nietos, por contagiarme vida

Sola y triste está la niña
en su sillita de plata;
si sale el sol brilla mucho,
si la luna, casi nada.
Por eso al llegar la noche
esa niña se levanta
del asiento de su silla
y se asoma a su ventana
esperando que el sol llegue
solo para iluminarla.
Mientras tanto se entretiene
esperando venga el alba,
casi sin que se la escuche,
silabeando esta nana.

Dios es la energía divina que impregna todo el universo,
su corazón,
el corazón de la materia.
El Corazón de la Materia. P. Teilhar de Chardin

Paisaje extenso de lejanías azules…

Si busco a Dios…
arenas sin saciar son mi tomento
de un mar que viene y va
y olas inquietas, donde yo anhelo
poderme sumergir me son
esquivas.

Un día de duelo y en un rincón oscuro,
donde entrañas dolientes
se esconden en silencio,
una niebla me envuelve toda entera,
hasta sentir su aliento en mi costado.

Si buscas a Dios desencantado,
no mires más al cielo.

Suave cual sábana de seda,
dulce como el canto de una nana,
fiel como perro de invidente
presente se hará en ti desatando ataduras.
¡No mires a lo alto que el cielo se abajó!

Con el sol poniente la magia te invade,
anciano encinar, que pasas inmóvil
y los ecos burlones de un rebaño ausente
dibujan el círculo.
Allí en la hondonada la vida se para,
el día agoniza,
y la luna vieja
vigila si el viento acuna a la encina.
La brisa se eleva llevando perfumes
de jara y romero
y cuando oscurece se rompe el paisaje
y el valle se encoge, como un feto
mientras el cielo, su placenta
en su seno lo guarda.

Paisaje extenso de lejanías azules,
campo de amarillo estío, La campiña.
Caminos polvorientos que a todas partes llevan
y el olor de una higuera
en solitario
en el recuerdo viven.
Cruce, cementerio y siempre en línea recta.
Bajada
y subida
y a lo lejos
la torre
que chata y risueña nos espera siempre.

La palmera…
un oasis,
la penumbra...
armonía
y en la calle una música ciega
que se va
alejando,
que deja en el aire repartido el pan
sin huellas de sangre con sabor de abejas.

Se esconde
la tarde,
se acerca el dondiego, el frescor

y la silla de anea
y palabras sueltas que hilvanan la noche,
mientras contra el miedo temblando se agitan
tenues mariposas en cuencos de aceite.
El colchón se hunde como miga tierna
y la sábana fría cual sudario,
oculta a los santos,
que sin parpadear siempre acechan.
Silencio, crujir de los muebles.
Luego…
cacarea un gallo y vuelve la abuela.

Amarillea el otoño
y el sol
          al fin
                    vencido
se deja acariciar por la mirada.
Está manso,
manso en el amarillo de su luz,
manso en su ternura
lamiendo las paredes de la calle.

Amarillea el otoño,
las hojas y las uvas se van vistiendo de ocre
y huele la melancolía.

Amarillea el otoño,
flota en el aire
un doblar a muerto de campana,
mas el hombre siembra,
siembra la primavera que vendrá.

Bronco y macho nacía
el cante. Hueca y negra
la garganta. Su boca
era dique y cuna
donde mecía el compás.

Doblaba con la voz
el aire, lo partía y camelaba
y con su mano abierta rubricaba.

Bebía los vientos y el vino
donde ahogaba los pesares,
que por aplausos... celos
que por celos... ¡de vuelta a los quejíos!

Cómo me duele, madre,
la soledad del cante
sin voz que se arranque
y diga, ¡mi alma, mía es ya tu pena!

Cual cilicio de ortigas y de espinas
a la madre que siente ser culpable
le escuece la tristeza de la vida
que vencida fue antes de nacer.

Y así el bien no existiese ella quisiera
si el dolor no viviera y el mal muriese,
aunque al amor no conociera,
que no es justa la vida que se troncha al nacer.

La rabia que le bulle en las entrañas
le arranca esta blasfemia de la boca
mas se enjuga las lágrimas de rabia
cuando ve la leche que rezuma su niño
sonriendo hasta quedar en sus brazos dormido.

Alaridos de parto silenciosos
desgarran la mañana en primavera,
pues reverdecida enredadera
se abre a la luz sin signos ostentosos.

Se irán ya los suspiros temerosos
que ha parido la parra la primera
y lleva del jardín la delantera
en mostrar sus retoños vergonzosos.

A la piedra inerte lamerán
y aun descalichada y con verdina,
con su savia la vida le darán.

¡Que fuera yo también emparedada
y presa y besada por ventosas,
pero con nuevas hojas estrenada!

¡Y todo era tan normal!

Fluía la vida aquella tarde sin prisas.
Las risas de los niños en las plazas
fueron quedando atrás y en el cielo,
todavía anaranjado en el horizonte,
hacían garabatos los dedos insolentes
de ufanas chimeneas.

Y todo era tan normal!

A tus amigos,
el silencio, al subir
el aire perfumado de la tarde,
los había relajado y alejado,
a ras del suelo estaban.

¡Y todo era tan normal!

Mas tus ojos inquietos
la noche escudriñaban detrás de los olivos,
la oscura noche del alba.
Tu tiempo se había desvanecido
y te hacía sudar sangre el mañana
que intuías sin aurora.

¡Padre, si es posible,
pase de mí este cáliz!

¡Y todo era tan normal!

La vida en derredor continuaba,
el sueño reparador de los discípulos
después del ajetreo cotidiano,
la calma,
pero tú, ¡ay, señor!,
colgado en el vacío de lo eterno
temblabas y sudabas.

De golpe la tormenta se cierne,
y el cielo culebrea.
Las voces son ladridos y los ladridos hablan.
Crujidos y pisadas despiertan la noche.
Y al fin, ¡Padre!, que sea tu voluntad.

Mas de muerte no entiende primavera
que el madero florece en cada esquina
y no nació dolor que lo impidiera.

Me faltan tus palabras,
hijo, un crisantemo,
un desierto regado
por torrentes salado que quemaron mi rostro
así es ya mi pecho,
un erial de desguace donde oxidan tus sueños
que hasta ayer fueron míos.

Me faltan tus palabras,
hijo,
que rieguen el silencio que me grita,
con eso me conformo, no apures los besos.
Abismos insalvables
tus sin razones son ya para mí,
pozos sin eco, mudos,
donde se van ahogando
todas las ilusiones
que hasta ayer para ti florecieron.

Soy una madre vieja ya solo soy eso,
pero hasta que me vaya y en mi boca haya aliento
suspiraré tu nombre,
hijo,
con mieles, con espliego, con colores y risas
que en mis vacías entrañas tus recuerdos pusieron.

¡Y yo que creía que tú ibas a poder conmigo!,
que tus vísceras iban a marchitar
mis sueños,
tus dientes mi sonreír
y tus huesos,
la alegría, cuando ya cansada,
cruzo el puente de vuelta a Triana.
Me confundí.
Las rosas y las nubes, un músico mendigo,
las guerras y la paz, los otros y los distintos,
los versos, la poesía, te conmueven aún.
¡Cuerpo, eres mi amigo, aunque no lo parezcas!

Como el agua que canta monte arriba
entre riscos silentes observando los prados
si despuntan lozanos o si ya no verdean
me afano cada día en regar los rosales
y en podar los jazmines y si en el kalanchoe
que tengo en el pretil han salido pulgones.
Tengo miedo a un paisaje donde el tiempo esté muerto
con rosas sin capullos y playas sin mareas,
sin lunas y sin partos, sin decrépitos viejos
que provoquen ternura y pensar y dolerse.
Mas si el sol no se pone no cantaría la alondra.

De amarillo y plata en el albero,
con lunares y volantes sin dolores,
con zarcillos y peinetas de colores,
me visto en mi invierno trianero.

Si el sufrir lo convierte en lastimero
el bailar arrumba resquemores
pues la música anula los temores
cuando los brazos rozan un lucero.

Yo bailo sevillanas ese día
que no encuentro las llaves de la puerta
y a Triana la siento como mía.

Se me entumen entonces las dolencias,
se me troncha la pena por el talle,
con las manos conjuro las ausencias.

Mientras la luna brilla
y el mirlo en el jardín se enfrenta a un gato,
yo busco la poesía escudriñando el cielo,
pero al fin encuentro la magia de la noche
detrás de una ventana y en tetra brik de leche.

Cuando el reír sea mueca,
cuando duelan los años
y no quepan más velas en la tarta,
cuando broten de plástico mis rosas
desbrozaré de penas la vereda
y antes de que la tierra la vida fagocite
el corazón habré echado a las raíces.

No. No es el amor quien muere
Luis Cernuda. *Donde habite el olvido*

Cuando yo muera,
aventad las cenizas donde viví la infancia,
donde el tiempo era azul
y el espliego, el incienso de la casa,
que al mecerlas el viento
las disperse
hasta besar las piedras
que hacen
cantarino
el arroyo,
que disueltas en las nubes, sobrevuelen la sierra,
regando la campiña,
y en el aire que huele a lilas y celindas,
abracen la muralla.
¡Cuando yo muera buscadme en la vida!
¡No, no es el Amor quien muere!

¡Báñate en la Materia, hijo del Hombre!
¡Sumérgete en ella, allí donde es más
impetuosa y más profunda!
¡Lucha en su corriente y bebe sus olas!
¡Ella es quien ha mecido en otro tiempo tu inconsciencia;
ella es quien te llevará a Dios!

P. Teilhar de Chardín. *La potencia espiritual de la Materia*

No te quiero, alma mía sin cuerpo,
ya fueses pura

TIERRA

I

La primavera
es corpiño de hojas
para el pecho
y verde el corazón
ha de teñir la sangre.

No sé cómo llamarte, «carroñera embestida» pega. Dentelladas me resultan tus silencios, tan elocuentes como el tiempo que precede al trueno y las ingles del corazón en carne viva me tienes, soledad.

Descolocada estoy desde la punta de los pelos a las uñas de los pies, que pinté de azul para disimular perezosas venas atascadas. ¡Hasta la sangre se me resiste en volver al corazón desolado!

Envasada al vacío me afano cada mañana en sentir al menos cosquilleos de mariposas. Las busco con ansia entre las teclas del ordenador que con sábana de fantasma se viste.

Mientras, intento calmar este desasosiego regando las macetas de la ventana. Me sorprende una espada de pétalos que se yergue altiva en tiesto descascarillado, compartiendo tierra con el viejo jazmín. Con su altivez parece quejarse de ignorarla a pesar de haberse anunciado con verdes penachos.

Como el cuchillo del matarife ahoga en sangre el terror del animal inaugurando la fiesta ancestral de la matanza, así ese gladiolo traspasa mi yugular que de blanco virgen queda vestida.

Entonces me vuelvo hacia la tierra, me entierro en ella y ya solo me queda florecer para que me quieran.

II

Desde la sierra
una extensa llanura
alcanzas a ver.
Los pueblos alejados
se divisan cercanos.

Aunque fui reticente, no pude dejar morir al viejo Benjamín. Agua no le faltó, aire tampoco, incluso lo tumbaba cuando venía racheado. ¿Fuego?, el de la canícula del sur.

Somos viejos los dos, perroflautas nos llaman, la quinta de los últimos poetas que se quitan legañas sin pudor, como él hace con las hojas.

¡Solo puede faltarle más tierra!

Lo aupé como una madre, como el enamorado atrae a su amada lo ceñí y con mimo lo solté, cuidando su equilibrio de viejo sin bastón hasta llenar de tierra fértil el útero donde iba a ser implantado.

¡Y se hizo la tierra en él y gargantillas de esmeraldas asfixiaron mi pena!

Sin miedo a la canina y a la sombra de Benjamín tocaré la cítara entonando canciones de esta tierra (incrustada en la raíz de mis uñas) que ya no me ha de ser extraña.

La tierra que nos une es compasiva. Hace florecer igual la humilde retama del Vesubio que un baobab sagrado, necesita tanto del estiércol como del rocío en el alba, y está dispuesta a acogerme como hija de madre prostituida.

III

Huele una higuera
y mi alma de esparto
se viste de aloe.
Sus ramas son el cielo
del páramo que fui.

Ansiosa como perra en celo, la busco. ¡Ven conmigo —me dice con su olor—, el invierno pasó!

Como el imán que compré en Estambul para disfrazar la comida caducada de mi nevera, como madre biológica buscada por su hija, que recurre a la tele y en el banquillo espera la sentencia o camaleón angustiado que tiene que cambiar de camisa para que no lo ataquen los del bando contrario, así me veo cuando huelo una higuera.

Olfateo como una perra en celo. ¡Ven conmigo —me dice con su olor—, que ya el invierno pasó!

Hoy la recuerdo como un bosque (yo era entonces muchacho). No había nada más en aquel el huerto agostado, (una hilera de hormigas peregrinaban robotizadas por su tronco) y ella, con la tierra que la amamantaba y alimentada por un Tigris oculto, tapaba mis vergüenzas con sus hojas, taponaba mis heridas con lechosa savia y a mi sangre negra por las burlas le devolvía el vestido rosa para el baile de Cenicienta.

¡Increíble que el Rabbí la maldijera y se mustiara! Admiraba los lirios silvestres como lo hace un poeta…

Hoy, cuando arrastro mi diferencia por la calle acompañada de un caniche con lazo y la huelo en medio del asfalto, sé dónde encaminar mis pasos. Al río, que se traga los vacíos de mi ser distinto, me encamino.

—¿A qué hueles? —me dice una vecina extrañada sin mi diario deambular con los ojos de tierra.

—Fleur de figuier, ¡un regalo!

—Le debió costar caro —asegura.

Yo encojo los hombros y cerrando los ojos jugosos por la savia inspiro mientras levanto la cabeza.

IV

La caravana
aligera el paso
al ver el oasis.
Cuando se difumina
confía llegue la noche.

Pasó aquella la luz abrasadora, el verano intensamente tórrido, pasó la penumbra como un hada por un sillón repleto de vivencias enterradas en cal viva, en neuronas ausentes y hoy han vuelto a la ventana flores rojas, humildes geranios de maceta. ¡Generosa tierra la suya!

De esta manera tú, para sus labios, colocas cada día terciopelo granate por cortinas, sonrisas de carmín para sus ojos, que ven desvaídos paisajes y para darle vida, el color de la sangre.

Como llega la luna nueva, a su tiempo y hora, a pesar de que los lobos la aguarden para calmar su sed de carne tierna o los amantes para ocultar su pasión, así llegó a su fin el embarazo de muerte en aquella casa.

Las flores rojas ya no tienen sentido. Durante un tiempo aparecieron desvaídas hasta morir de sed.

Hoy adornan el cristal de la ventana unas pegatinas infantiles. Papá Noel, unos gnomos y nieve de atrezo. Me dejo llevar.

V

Bouquet de nardos
de manos de mi madre
en el recuerdo
y sobre una silla
el velo de encaje.

¿Quisiera? Poder pisar la tierra con sandalias de plata, como caballo en feria, con garbo y contoneos, sin traspié de vieja trotona.

¿Quisiera? Emerger de la tierra siendo un sicomoro, convertirme en guitarra y por dedos gitanos ser rasgada impregnando de sueños las piedras gastadas del Alcázar.

¿Quisiera? Ser bulbo y oliente vara de nardo mecida en el regazo de rumana «a solo un euro», como nana.

Quisiera, madre tierra, me sustentes. Todavía puedo hacerte florecer derritiendo el asfalto, herrada a fuego en fragua, como sinuosa odalisca, como ramo de novia…

¡Dame tiempo!, tengo todavía que enraizar y no andar por las ramas del artificio.

FUEGO

I

El sol velado,
preñada de oquedad
Sevilla en estío.
Qué esconde, quién la espera?
Solo la sombra del mar.

¡CUARENTA Y CUATRO GRADOS marcan los relojes!

Deambulo abducida por velero fantasma, la ciudad, que sestea: picoteos de palomas, soleares sobre yunque derretido, semáforos de guardia a punto del desplome, grafitis espatarrados sugiriendo Guernicas y algún que otro vagabundo.

Borracha de soledad estoy, sí, carne sudada en busca de milagro.

Solo anhelo hacer mía el alma de la ciudad escondida detrás de las persianas, un alma abandonada que me busca tanto como yo a ella para latir al unísono con este corazón en ascuas que me empuja.

Leo: «Se alquila». «Disponible». «Cerrado por vacaciones hasta…». Y siento pavor al ver mi aspecto en escaparate entre maniquíes desnudas y calvas a las que cubro con mirada calenturienta.

No añoro la plenitud del mar. No envidio a los bañistas mecidos por la brisa. Ni caricias de olas ni besos de espuma.

Cruceros con pulseras ni en sueños. Busco, siempre busco huellas de naufragio.

Como pescador que se afana en devolver al pez soñado contagiadas las manos de estertores, así deambulo. Solo anhelo llevarme prestada el alma de la ciudad hasta que vuelvan a habitarla sus dueños. Con vida la mantendré en pecera comprada al chino de la esquina. Lo prometo. Ni él ni yo hemos abandonado el barco.

II

¿Querrá la muerte seamos derrotados
por las puyas que ya nos enajenan
y a nuestras palabras encadenan
aprisionando amores no olvidados?

«¡Apóyate!», me dice.

Yo lo miro y veo una «Piedad» destrozada a martillazos por una visitante camuflada entre turistas de la tercera edad. Su nombre me cuesta pronunciarlo. Su fecha de yogur agrio nunca caduca desde que apareció en escena la serpiente (fémina como ella, como yo).

¡Aprovecha el momento! Siémbrale la boca de besos, dulces los conservas (cincuenta años no es nada, dice la canción). Para tu edad de vieja, que adolece ternura, solo necesitas una caricia.

Descongélate antes que la canina te conserve gélido el aliento y tus palabras sean escarcha colgadas en algún video cumpleañero.

Sopla para avivar los rescoldos del fuego que anidó en vosotros. Tienes que entrenarte. No olvides que tienes ya arrugas en la masa gris donde la memoria se esconde.

Ofrécele tu brazo gastado por el uso diario. No te desanimes si rechaza apoyarse. ¡Le gustaba tanto pasarte el suyo por tu hombro de Cirineo!

Retrasa cada noche una hora tu reloj y compra una bandeja con flamencos zancudos, igual a la suya, para juntos cenar la sopa de estrellas del balón.

Engrasa tu lengua y dile que lo quieres, ¡tantas veces como fallen goles!, hasta que acabe quedándose dormido.

Ayer, ver para creer, te quiso trasplantar el rosal blanco que compraste en el bazar a una tinaja hueca y luego, cual gorrión que en la fuente bebe, a sorbos lo regó.

Mujer de la lengua pegada al paladar, ¡no lo dejes!, que se hizo el crepúsculo y cataratas de lágrimas como merengues endulzan vuestro mirar. Toca el amor en adagio, Mahleer en Venecia, ¡apura la copa!

III

¡Ay, madre vieja,
ya te salieron alas
para el vuelo
mas en los pies grilletes
con cerrojos sin llaves!

«Las palabras traicionan» escuché un día a un viejo. No entendí la traición. «Mis» hijos eran míos. Vivían de mi leche y mis caricias. ¿Dónde había traición?

Un día cayó el posesivo y me dejó huérfana de hijos.

Regurgitaban besos de antiguo en mi boca vacía y pensé tener derecho al pataleo. Y en primera estocada, ya sentí no poder rematar la faena.

¿Cómo no aprendiste por propia experiencia? Lo llaman ley de vida. ¡Tú, hiciste lo mismo!

¡Cuánta serenidad, cuánta ternura la de una anciana esquimal sentada en la nieve, ella sola, esperando a los lobos, a la muerte (película de Yul Brynner, *El oro de nadie*)!

¡Cuánto amor estrenado, de propina, si pasas de madre a ser «La abuela» (la anciana inuit por compasión y yo lo hemos vivido)!

Vivir esa dura experiencia merece la pena: ya no eres de nadie; eres cálido abrazo, que no quema ni anula, un rescoldo de brasa, pero pavesa ardiente.

Volverás a ser niña con los nietos y adoptar la inocencia y cantar una nana para sembrar ternura.

IV

Cuando no esté
decid entre vosotros
quedan sus versos,
fue solo un zahorí,
estos su péndulo.

Pedregales resecos en desiertos granates, donde un sol amarillo cuarteaba la dermis de expectantes reptiles, me acorralan sin tregua.

¿Acaso no sabían que detrás, en mi nuca, yo traía el aliento de una ninfa?

Verdor en su cintura ajustada, guirnalda en su frente por corona y risa cantarina su presencia.

Envuelta en su frescura, a menta y a laurel el aire me sabía y su risa en cascada sofoca mi llanto.

Desde antiguo siento me corría alegre por las venas como regajo o río. Si en cascada venía, me empujaba, si lago me amansaba.

Ondina, compañera perenne de verdura, ninfa por mi amor humana, ¡abrázame!, ya vislumbro la aurora. Que tu alma, regalo de la mía, me lleve en un mar esmeralda donde se ahoguen los perros que me ladran.

V

El sol aprieta.
Se desnuda sin pudor
el alcornoque.
En el suelo el hacha
yace junto al corcho.

El sol, exhausto por el fuego que todavía lo consume, se esconde detrás de la montanera. La noche alivia el paisaje.

Se escuchan risas en las tabernas, murmullos en las puertas. ¡Cómo los siete puñales de la Virgen te hieren!

Con la soga al cuello te encontraron, con la lengua fuera y el alma ya limpia de pecado (tu vida pagó la deuda).

Con la soga con la que te lio la engañosa sirena, por la que te fuiste de la casa que ya no te era paterna.

Con la soga que te amarró a la hacienda y tú, por sentirte amado, la dejaste yerma.

No estrenaste el día por temor y ¡te gustaba tanto la dehesa!

Al amparo de alcornoques preñados, nueve años de embarazado y presta estaba la saca, en la tierra te arraigaste cual injerto.

¿Quizá quisiste irte con tu madre en brazos de la naturaleza? Quisiste tantas cosas que perdiste… Cual Ulises pusiste rumbo a Ítaca sujeto a un tronco, como el héroe.

Al fin, de nuevo, el sol asoma tras la loma. Un conejo salta, su hocico juguetea.

Bu-bu la abubilla repite, la fuente clara suena. Los arreos de un pastor y su eco impregnan el ambiente. Un perro ladra no muy lejos. Es la vida que bulle por doquier, quien muerto te festeja.

¡Deténgase el día, el luto!… que, como el alcornoque o la culebra, el ahorcado solo se despoja de un peso.

AGUA

I

¡Cuánta ausencia
envolvía sus ojos,
cuánto mi llanto!
Empapé el pañuelo
y no cubrió el dolor.

Si hubieras visto, padre, el mirar de la luna hoy, no me sentiría culpable, ¡dejé que te llevara!

Primero fue un mal pensamiento, luego aviso a viejos en edad de marchar, y al fin, consintiendo sellar el pasaporte con legal y letal sedación indolora.

Si hubieras visto lucir su guadaña mientras tú buceabas con bozal, intentando cruzar mar de Sargazos, me habrías comprendido.

Te miraba la luna de los muertos, la de los enamorados que mueren de amor y reviven en ella cada noche, la luna que las madres enseñan a los niños como botón de nácar de un universo inmenso, luna cascabelera, luna hermana de Asís, luna buena de partos y mareas…

¡Cien años de embarazo y por fin te había hecho romper aguas!

Padre, si hubieras visto cómo ella te miraba en geriátrico lecho, me habrías comprendido.

II

Llueve azahar,
gotas de terciopelo
alfombran los pies;
un blanco mar en calma
donde por ti naufrago.

El azahar huele y duele si lo pisan. Alfombra, torpes pasos de vieja desflorada. Para poder besarlo me falta el aire, huele, pero duele.

Hasta que el invierno apareció, había sido mi media naranja con vocación de luna, pero apaleada y derribada rodó por el suelo convertida en pólvora.

Ese azahar que huelo y me duele está ya sobre el suelo y si lo piso, magullo mi dolor y su olor.

¿Llueve azahar o es mi amado que ya es acuática criatura nadando en nuestro llanto?

Un pez escurridizo y con escamas se mueve en el fondo acuoso de mi alma mojada. Todo está en silencio allí. Si pasa un tiburón, la pecera tiembla y se agita.

¡Pececillo de estanque que no quieres aún ser devorado! En la próxima vida merezco ser, al menos, un nenúfar, le digo al karma bueno que acumulo en este nadar mío diario, disfrazada de pez. Pero dentro de mí y de mi mar en calma pulula ya la vida. Me llego a acostumbrar al silencio del pez y a su boca de lapa como un chupón que quiere alimentarse con mis entrañas dulces de mujer.

Mi pez es un pez manta gelatinoso y enorme. Cuando me cubre temo chafar su capa e impotente no pueda pavonearse ante caballitos de mar curiosos.

Ayer fue y me besó, con tanta pasión que a punto estuvo de morir en su intento de pez manta y macho. Pensando se había convertido en un príncipe, abrí pronto los ojos (los viejos como niños creemos en los cuentos). Cierto es que seguía teniendo escamas y era escurridizo, pero por vez primera aquellas parecían como de plata y su boca un fresón.

Debe ser que ya yo soy también pez, porque no echo de menos respirar ni oler a azahar. Me conformo con fluir.

II

Por cuna el mar,
luna llena por madre...
¡ven pronto, amor!
El bramar de las olas
es música y cerco.

Que mi vida era un río que fuera dar al mar, al morir, ¡vano sueño! Pesadillas lunáticas que los riscos silentes fuesen hostias de terciopelo, que soberbias espigas para el viejo desdentado fueran bocado y que los eriales, jugosos pastizales, manaran leche y miel.

Vocación de ninfa tengo. Enamorada y traicionada por el agua que fluye estoy. Ya solo me quedan por llorar suspiros. A las lágrimas las arrastró consigo avaricioso el río que alimenté con mis ubres de nodriza recién parida a cambio de una tumba en el mar.

Quise diluirme en él y en su regazo, acunarme al son de los delfines con sus violines y añoraba volver a la placenta acuosa donde mi abuela, una ameba atrevida, se marchó de parranda.

Dudo si vocación de agua ya tengo y de ser, con el mar, una inmensamente inmensa. ¿No se llevó con ella mi tierna arena y surcó de arrugas nuestro lecho nupcial? Cicatrices costrosas son la muestra de miles de heridas. Encallecida el alma tengo ya y en mi lengua de cauce, huérfana de fluidos, solo hay añoranzas de sus húmedos besos.

No puedo maldecirte, agua infiel. ¿Quién me lo impide? ¡Me engañaste! Hecho trizas quedó mi blando lecho, en quien te acomodaste para así bien fluir, dejándome desierta. Allá, en los altos riscos, en las cumbres nevadas como barbas de un Santa Claus amable, una laguna negra te cobija. Allí se esconde ella, tu madre que es tu padre, el manantial.

Ahora, mientras pasa un pastor, en vacua soledad yo me conformo al sentir las pezuñas de las cabras empolvando mi cara, cuando con los arreos aligeran el paso. Si alguna imberbe, con las prisas, chocase y cayese, me consuela el sentir latir un corazón.

Hoy, creí fuese un sueño, fluía perezoso el agua de un regato, hijo del deshielo. Sus pañales de crío me han mojado y así al menos las cabras, podrán besar mi lecho.

Ojalá una tarde despunten en mi seno florecitas silvestres amarillas para que puedan ser comida por estas y me olvide de aquel mar para siempre y sienta, esta vez, que estoy viva en este trasiego del rebaño.

IV

Océano vital
de marinos azules
estercolero,
en venideros siglos
nunca más, nunca, amén.

Eran dos luceros los ojos de mi niño en la oscuridad de aquel teatro. Eran hogueras en ascuas la noche de san Juan. Eran… las palabras se me escurren por los labios, ¡dos gotas de metal desinhibido, mercurio en fuga y si mayor!

Hasta que no se extingan las ratas y sus crías por lluvia apocalíptica de fuego, su mirada de agua siempre vencerá.

«¡Tengo miedo», dice agarrando la mano de mamá, que acaricia sus rizos mientras se oye: «¡Comienza la función!».

En escena un mimo chorreando paraguas de tronchado andamiaje y el niño de galaxias en los ojos se deja rodear por fin de oscuridad.

Mientras amasa agua con las manos hasta bailar con ella, un vacío elocuente va preñando de gestos aquel cómico mudo.

¡Los ojos del niño se desbordan! Coloreadas pompas como en arco iris y en etérea cascada inundan el teatro. En hilera: un conejo y una nube, caravanas de renos y camellos y hasta lunas menguantes. Fantasmas juguetones se disipan, se despiden uno a uno. Aplausos infantiles.

«¡Mamá, quiero más!».

En la calle ha llovido. El niño con los ojos de agua chapotea en un charco.

La luz anaranjada del ocaso sabe a caramelo.

V

Peregrinación.
La muerte en la mochila
por compañera
y renacer del agua,
único salvavidas.

Me siento tambalear en cada curva y trato de no caer.

Voy en un tren borracha de olores que embriagan y seducen. Sándalo, vainilla, azafrán...

Voces de arco iris destapan mis oídos que gotean cera cirio pasión.

Agarrada con fuerza al asidero, mis manos, gorriones asustados, se vuelven

gaviotas.

Se balancea el collar, traqueteo de péndulo lo calma y sus flores naranjas me sosiegan. Escucho Benarés, Manikanica... Un horizonte de agua se vislumbra y la soga del patíbulo se afloja.

He de sobrevivir, el Ganges me espera y volveré a estar pura como mi madre me parió.

Seré agua y luego de nuevo vida.

¡Tengo sed!

AIRE

I

Los vendavales
acarician praderas
cuando arrecian,
pero arrancan de cuajo
secuoyas y cipreses.

Un viento impetuoso, un huracán volcaba por el suelo pedestales de mármol. Cupidos mutilados, aladas victorias quedaron para piezas de museos y rancias vitrinas de anticuario.

Me consumía yo lamiendo sangre seca, levantando la costra de aquella vieja herida hasta que un día sin fuerzas olvidé a los anémicos dioses.

Una brisa suave invadió mi estancia hasta rozar la médula insensible.

Arrastraba tras sí una estela de humo sobre el azul celeste. Bajé los ojos y miré a la tierra que me sustentaba y como el Principito a la rosa, dejé de odiarla porque un día me pinchó.

II

Presencias vanas
pululan en el vacío
cual fuegos fatuos,
vienen y van sutiles
en ráfagas de aire.

Mi jardín, la fuente, el mirlo y un gato.

Gitanillas al aire insinuantes se van desmelenando voluptuosas junto a marionetas que ríen sin parar y un corro de presencias ausentes me va envolviendo poco a poco.

En el lado izquierdo, donde sin consumirse el corazón crepita, la de una joven madre. Leche y miel embadurnan su melena de ángel mientras bate las alas lima limón, «¡Laureta!», le digo. No hay respuesta. Vuela muy alto ya; ¡me deslumbra su vestido color galaxia!

Un gato retrocede cuando un mirlo negro, como padre coraje, se posa en el césped cortando el aire.

La nana de los muertos en la fuente va repicando a gloria al tiempo que le gusta jugar al escondite.

Mari, la buena de Mari, revolotea encima de un naranjo, aún con su andador, y se eleva riendo, cual cohete espacial, cuando le pregunto por su artrosis.

Inevitable no pensar en la muerte, molesto abejorro que visita las celdas de este, mi vecindario. De viejo a vieja… ¡Macabra cantinela!

Las presencias ausentes me rodean sin echarme cuenta, van a lo suyo; son, pero no están. En este, nuestro jardín, es fácil me quede traspuesta.

¡Este aire mío tan lleno y tan vacío!

III

La caravana
teme al siroco
como al tuareg,
el viento es cuchillo
y la arena sangre.

Era una flor roja, no recuerdo su nombre, pero se asomó hoy a mi ventana. Fisgoneaba y cerré puerta y cortina.

Yo intentaba tragar aquella catarata, la herida no dejaba de sangrar y me dije «caníbal», hasta que al fin los ojos fueron quedando mudos.

La flor llenó, al fin, la habitación de sangre cuajada y palpitante. La mecía una brisa que desató las vendas, mortaja que llevó aquel aire cual nube de palomas blanco sucio.

Empecé por sentir los ojos como playas y la boca sin cincha. Las manos, bastón de ciego, tensaban ya el arco en busca de diana.

Aquella primavera se había hecho esperar. Cual novia engalanada con corona de azahar perfumó la estancia, huérfana de palabras y caricias. Su olor traspasó la piel y la carne, perfumó hasta la médula escondida y trémula sucumbí ante un alba rosácea.

El sol, tan curioso como antes evitado, conseguía penetrarme jurando compañía hasta el otoño. Esa fue su promesa y yo le di «el sí hasta que el mes de los muertos nos separe». Con el dulce calor de su reflejo decidí ya renacer sin temor.

Pasaban los días de nuevo vestidos de naranja en el ocaso, violetas en la aurora y cual sortija de ónix en las noches sin luna.

Sin previo aviso (las uvas ya en el suelo del lagar), el cielo se cubrió de nubarrones y alcahueta de otoño la tormenta cobró su servicio al horizonte hasta entonces pleno.

Me vino al pensamiento la promesa que hice y me dispuse a ser agua pasada. Junté al cuerpo los brazos. Apreté dientes, puños y fui dejando caer el hacha al suelo.

Mariposa ingrávida de tul, cometa, parapente... ¡Alas me empujaban hacia lo alto!

Culebreaba la luz, pero el olor a tierra mojada empapó los huesos, ya con vocación de esqueleto y el fluir de la vida se adentró en mi otoño.

IV

Huele a menta
que transporta el viento
del eucalipto,
los párpados se cierran
y se oyen pisadas.

Escudriño la calle de los ojos muertos detrás de mi ventana, donde solo el helecho se mece con el aire impregnado de azahar, donde solo las nubes me dicen que estoy viva. Es sábado de marzo, cementerio de vivos, de ordenar la colada y de pizzas de Globo.

Las persianas echadas taponan la colmena de la febril semana que culmina la cama. Es el tiempo del sexo de guardar y cuidar.

Por alimento tengo la nostalgia de niños con mochilas, del ruido de las ruedas que aligeran los libros y solo me es fiel el tañer de campanas, tan viejas como yo.

Como postre me endulzan pequeños pajarillos que, después de beber en plato del rosal al verme, alzan el vuelo. Retozan en el aire haciendo piruetas y me siento levitar, solo entonces, como ellos. Ignoro las persianas.

V

El viejo sonríe
mientras picotean el pan
unas palomas,
el niño las asusta
para que vuelen alto.

Temerosa y frágil y herida la humanidad galáctica se esconde. Le robó la corona, mortífero enemigo en revancha. Se pasea airoso y airado. Se cuela por rendijas imposibles.

Se alimenta de vísceras gastadas por suspiros diarios y alvéolos jubilados de sonrisas, de residentes solos en residencia fija.

Se ceba con el dulzor que destilan los años y los soplidos tenues delante de las velas que festejan sus tartas. Es goloso, insaciable y con muy malas pulgas.

Puede que la maleta ya esté a medio hacer o a falta de echarle una llave, mas no quiero murciélagos vampiros y busco mariposas de alas tornasol que me hagan cosquillas. Si tengo que partir hacia la primavera, que ellas sean mi mortaja.

ÉTER

I

En remolino,
las leves vainas vanas
ascienden mientras bailan,
como absortos derviches
despegados del suelo.

El plomizo tapiz de la cola del bus culebrea pausado. Un sutil resplandor me descoloca al desgarrar aquella atmósfera.

¿Es un ángel quizás, el que dicen me guarda? Todavía me pregunto.

El suyo es un ser con aura amable, se clava en mis ojos que huyen de lo gris al hacerme brillar y hasta los pies desciende, cual Colorado en caída abismal.

En escasos instantes me desnuda y las vainas vanas se despegan como costras resecas.

Soy los ojos de un niño agarrado a cometa, la sonrisa impúdica de anciana desdentada y cadena perpetua revisada.

Ella, ¿él?, me deja al descubierto la granada, espiga que en la hondonada me crecía. Contagiada de luz la hago sonreír. «Hay que aprender a ser vieja y paciente» (cuesta reconocerlo).

Arrancada y frenazo, arrancada y frenazo. La pierdo de vista entre ausentes cabezas, bustos petrificados.

Detrás de la ventana, en vacua consistencia, aquellas vainas se alzan hasta chocar borrachas contra un globo que cae.

II

En el estanque
de los peces naranjas
se refleja la luna.
Si el búho ulula
la oculta el agua.

Silencio. Aspidistras, helechos... La yedra torneada por columnas flota sin conocer la gravedad, ancla que entierra.

Silencio y cantos femeninos… Vísperas que suenan a salmodia, que elevan, que envuelven y desatan.

La fuente en el centro del patio fluye, repitiendo un monótono mantra, cual yogui con joroba.

¡Etéreo y armonioso se escucha el silencio!

Hoy echo de menos la espiritualidad de aquel patio hasta hacer brotar los recovecos de la memoria ausente. Van y vienen sutiles en cascada de arpegios sin papel.

Un gato ¿azul?, pasa por mi ventana. «Pas de chat, Pas de chat». Los jaramagos crecen y entre las tejas bailan minué reverencial con pelucas al viento. Silbos de una canción sin letra y sin nombre.

III

Si eres poeta
saca la podadera
y desnúdate,
te quedan las entrañas
y la sombra de Dios.

No te quiero, alma mía, sin cuerpo. Ya fueses sin mácula o pura.

Moléculas divinas se revelan en la misión del cosmos. Vencedoras del caos, rebosantes de amor, henchidas de renuncia se me imponen.

En la maternidad, partituras de réquiem con canciones de nanas; en el otoño, pudrideros de estiércol con proyectos de espigas y en mochilas repletas de lápices y hojas en blanco, los ojos de un chiquillo que empieza su andadura.

Porque te vislumbro, rebusco entre tuétanos tu ser. ¿Dónde si no en las bocas, alfeizar de los besos, en las yemas de los dedos, imanes de la seda natural y ricos tafetanes y en pezones con grietas y mordiscos?

Al sheol, al purgatorio o a cloaca en Nueva York con cocodrilos no me opongo bajar como una rata, y mi carne se haga materia castigada para que pueda abrazarse ya, Señor, con la tuya gloriosa, lacerada por huellas de espinas y de clavos.

IV

¡Noche cerrada
y tanto por descubrir!
Me estremezco,
una estrella fugaz
trasporta mil deseos.

Solo una esquina de cielo, una estrella o dos después de insistir y el olor a jazmines me conforman. Me sacan de este hastío que me oprime. Para irme a la cama me desnudan, mas me visten de sueños.

Evito la luz alcahueta de farola fanfarrona. Corro la hamaca, dejándome envolver por la atmósfera de mis lejanas noches de verano («la puerta de la calle, una silla de anea, silencio en compañía...»). ¡Decían tanto aquellas noches mías que me empujan aún a descolgar el inmenso abismo y alfombrar mi balcón de infinitud!

Sé que no estoy sola y además que alguien como yo también lo está mirando.

Me siento abrazada por un manto de tul bajo carpa de un circo y en trapecio con triple salto incluido.

En esta oscuridad que se va fraguando y a cuyo parto asisto, la luna va bailando la danza de los velos. Los desgarra uno a uno para lucirse hasta hacerme perder esta cabeza mía, borracha de éter.

La noche se desliza cuesta abajo en tobogán de plata. Yo me dejo llevar.

V

La noche es madre
que de luto engendra
la luz cada día,
de parto tenebroso
ha de nacer la aurora.

La buscas, ¿no es verdad? Es tu último intento. Es cierto, no la ves como agraciada y sí algo raquítica, sabes que tu edad no es ya la mejor para engendrar, pero lo que te importa es volver a sentir un alumbramiento.

¿Cómo poner puertas al campo si las praderas azul cobalto que cultivas se rigen por mareas y en el cielo que las arropa crecen argamulas moradas y lentisco? ¿Dónde clavarás las estacas sin taladrar las estrellas?

Las metáforas son insuficientes, ni la sensibilidad tan siquiera. Solo cuando al fin consigas desnudar al leguaje, eclosionará la poesía como estrella fugaz dejándote el deseo de atraparla.

¡Pobre de ti que estás vieja, lenta y a falta de amor!

¡Necesitas trascender y los poemas son tu sacramento! ¡Nadie te importe!

Detrás de la ventana comulgas hasta con los pájaros que picotean tus rosales y festonean las hojas mientras tú, expectante cada día, te dejas los ojos buscando el despuntar de una yema.

Esquiva te resulta la poesía, ¡la actitud poética te acompañe!

Para vivir plenamente
hay que tener el coraje de integrar la muerte en la vida
P. Teilhard de Chardin

Se fue hacia fonte caudalosa

porque estar sin ser es algo hermoso

Estar sin ser es algo hermoso. Tránsito porque no soy...
Intacta la alegría. José M. Martín Portales

1

Preñada de vacío se retuerce
la caracola hueca,
escuchas bramar en ella el oleaje
como en ti al doliente existir.
¡Lámete las entrañas maceradas en hiel
y escúpelas lejos!
Si vengarse y vivir, imposible no fuera,
le arrancaría la lengua con los dientes
y entonces moriría,
que de dolor, desnuda va Ia muerte,
pero estar sin ser es algo hermoso.

2

La niebla embadurna el paisaje,
se esconde un cuchillo con dos filos
y se perdió la llave.
Una pluma será quien
raje
el tiempo
tiñendo el horizonte de nostalgia
y varado en la orilla
un pez que forcejea acaba por rendirse.
Mas siempre habrá un sol que se nutra de sangre
porque lo vivo crece donde vive la muerte
y estar sin ser es algo hermoso.

3

Como agua que canta
                                        al despeñarse,
se te apuran los días
y te resulta inútil el atrapar su ritmo.
Si en mullido cauce no vivieses,
si los cantos rodados no estuvieran
pulidos por
                    caídas brutales,
tu poema nacería
vestido de sollozos al ver el mar.

Pasó la edad del miedo
—la vida por vivir con un futuro ciego—
al romper con los años la cinta de la meta.
¿El tiempo en la cuneta o fuegos de artificio?
No hay tiempo que perder en lamentos
que estar sin ser es algo hermoso.

4

Un prado en primavera
tapizado de flores amarillas y azules,
una puesta de sol anaranjada,
molinillos de hojas por el suelo
y el olor ancestral de una candela
es la vida mirando hacia detrás.

Se esfuman las pisadas del camino
y los duelos se esconden.
La aurora aparece por poniente
se encarama en murallas y tapias sin rubor.
Esqueletos de Halloween son las quejas de ahora
que en parto por los años el dolor menos hiere.

En préstamo se pasa el calendario
al fin como un novio en el azul y en tren de cercanías.
No más que muda nueva y equipaje de mano
y un «se fue hacia fonte caudalosa»
porque estar sin ser es algo hermoso.

5

Con la fragilidad como vestido
de cristal de bohemia
                                        y a la intemperie
suena ya el vals.
Giros
        vertiginosos
y los pies
        se quiebran.
Un chelo y no un violín,
un Danubio granate,
un dejarse llevar de una mano que acuna
y un descansar en paz entre cristales rotos,
mas el estar sin ser es algo hermoso.

6

Con los días y en aumento
los hijos besarán tu recuerdo en sepia
y jirones de miel habitarán
sus vísceras dolientes.
La vida rescatada del olvido
crecerá cual nenúfares flotantes
al quebrarse la noche con el alba,
pues la tierra es estiércol donde nacen los sueños
y el estar sin ser es algo hermoso.

Índice

Se fue hacia fonte caudalosa porque estar sin ser es algo hermoso

Este libro se terminó de editar en Granada
en noviembre de 2025 por

Aliarediciones

www.aliarediciones.es
info@aliarediciones.es